DISCOURS

PRONONCÉ A ROME

EN FAVEUR

DES ÉGLISES D'ORIENT,

PAR

MONSEIGNEUR DUPANLOUP,

ÉVÊQUE D'ORLÉANS,

DANS L'ÉGLISE DE SAINT-ANDRÉ-DE-LA-VALLÉE,

Le 3 juin 1862.

Se vend au profit de l'Œuvre des Églises d'Orient.

ORLÉANS,

LIBRAIRIE DE BLANCHARD, ÉDITEUR,

RUE BANNIER, 12.

1862

ORLÉANS, IMPRIMERIE DE GEORGES JACOB, RUE BOURGOGNE, 220.

DISCOURS

PRONONCÉ A ROME

EN FAVEUR

DES ÉGLISES D'ORIENT.

Quid statis, aspicientes in cœlum?
Pourquoi êtes-vous là, regardant le ciel?

MESSEIGNEURS, MES FRÈRES,

Oui, tous, en ce moment, nous regardons le ciel!

Dans toute l'Église catholique, tous les regards, tous les cœurs, toutes les craintes, toutes les espérances, sont tournés vers le ciel.

Mais, au milieu de cette extraordinaire émotion, quelle est cette grande et solennelle assemblée? Qui sont ceux que je vois ici, venus de tous les points de l'univers, et si profondément émus de se trouver à Rome ensemble? Pourquoi sont-ils réunis dans la cité sainte, et comment se rencontrent-ils en ce jour dans ce sanctuaire?

Tout ici m'étonne…. Quelles sont, aux pieds du Père commun, ces deux sœurs, venues, l'une de l'Occident, l'autre de l'Orient; l'une plus heureuse, plus heureuse dans sa foi, malgré tant et de si cruelles épreuves, plus heureuse aussi dans sa fidélité, plus heureuse surtout dans la constante bénédiction de Dieu; l'autre étrangement affligée dans son cœur, dans ce cœur malade depuis des siècles, plus affligée aussi dans ses enfants, affligée enfin plus qu'il ne se peut dire dans les profonds et mystérieux châtiments de la Providence?

Et qui suis-je, moi, chargé d'interpréter ici devant vous cette rencontre inattendue? Oui, tout ici m'étonne, et je m'étonne moi-même.

Ce sont les Églises d'Occident et d'Orient qui se rencontrent ici, dans cette grande réunion dont Rome en ce moment offre au monde le magnifique spectacle. L'une implore l'autre aux pieds du Père commun, qui les bénit toutes deux, et c'est un Évêque d'Occident, le dernier de tous, un Évêque français, qui parle en ce moment, dans une chaire de Rome, aux pieds de la Chaire éternelle, devant les Évêques du monde entier, en faveur des Églises et des Évêques de l'Orient.

Ou plutôt non, Messeigneurs, ce n'est pas moi, c'est vous, c'est votre présence qui parle ici; je ne suis, moi, qu'une voix : *Vox*. Et quel discours ne languirait devant vous? Aussi n'est-ce pas un discours que je viens faire à ce peuple. Non, je viens lui dire simplement : Venez, et voyez.

Voyez qui nous sommes, quels sont tous ces Évêques rassemblés ici, et pourquoi Dieu les y amène. — Et voyez aussi quels sont les besoins de cette Église d'Orient qui vous implore.

Pour un si grand sujet, demandons à Dieu l'assistance de sa grâce par l'intercession de Marie. *Ave, Maria.*

I.

Pourquoi donc, M. T.-C. F., ce concours extraordinaire des Évêques catholiques dans la ville sainte, et en ce temple, et en ce jour? D'où viennent-ils? *Qui sunt hi, et unde venerunt* (1)?

Ils viennent de la chrétienté tout entière. Comme autrefois ces Hébreux dont nous parlent les *Actes*, qui accouraient à

____

(1) *Apoc.*, VII, 14.

Jérusalem aux jours de ses grandes solennités, ils viennent de toute tribu, de toute nation, de toute langue qui est sous le ciel : *Ex omni tribu, et lingua, et natione, quæ sub cœlo est* (1), de toutes les parties du monde connu, civilisées ou sauvages.

Évêques de toutes les Espagnes, accourus en si grand nombre et après tant d'années d'absence, vous venez de cette terre catholique, toujours vierge dans sa foi, qui soutint pendant six siècles une croisade incessante et invincible contre l'islam, et que depuis, ni l'infidélité, ni le schisme, ni l'hérésie, n'ont entamée !

Évêques des Iles-Britanniques, vous venez de l'Irlande ; — je la nomme la première ; je lui dois cet honneur : c'est la plus fidèle ; — vous venez de cette terre des saints, de cette vieille Érin, si patiente, si généreuse, si héroïque, dont les fils sont partout dévoués à l'apostolat et au martyre ! Vous venez de la vaillante et montagneuse Écosse ; vous venez de cette grande Angleterre, dont nous ne pouvons redire le nom sans que nos entrailles s'émeuvent, sans que nos cœurs soient partagés entre un profond sentiment de regret, et aussi d'espérance ! Pour venir à Rome, vous avez suivi les voies que suivirent autrefois ces saints missionnaires que le grand Pape saint Grégoire, épris d'un amour inspiré pour votre noble pays, lui envoya à travers les mers, pour lui porter les lumières, depuis si troublées, de la foi évangélique. Mais aujourd'hui de nouveaux rayons annoncent un nouvel éclat, et bientôt, je l'espère, il n'y aura plus qu'un troupeau et qu'un pasteur.

Ils viennent, M. T.-C. F., je vous le disais tout à l'heure, de tous les pays de l'Europe : de cette chrétienne Belgique, si généreuse dans ses offrandes au Saint-Père, et dont les fils ont versé leur sang, avec les fils de l'Irlande et de la France, pour le siége apostolique ; ils viennent de cette Hollande que

____

(1) *Act.*, v, 9.

l'hérésie enlace en vain; de la Savoie, de la Suisse, de ces hautes montagnes sur lesquelles règne encore la foi naïve des vieux âges. Ils viennent de la Bavière, des bords du Rhin, de toute cette docte Allemagne, pays du profond savoir et des grandes luttes de la doctrine, où vous abattez, grands Évêques, sous l'obéissance de Jésus-Christ, *in obsequium Christi* (1), toute science vaine et superbe qui s'élève contre la science de Dieu. Ils viennent de cette Hongrie, pays des héros chrétiens qui les derniers ont repoussé du sol européen les invasions de l'islamisme.

Ils viennent enfin, — et je dois le dire à la louange des souverains qui, étrangers, hélas! à notre communion, ont su du moins s'affranchir noblement ici des tristes ombrages et des peurs surannées, — ils viennent de la Prusse et de la Russie; ils viennent de cette noble et infortunée Pologne, catholique à jamais par le fond de ses entrailles, et dont les longs malheurs, jusqu'à ce que Dieu enfin les regarde en pitié, doivent émouvoir, dans la plus tendre et plus profonde sympathie, toute âme patriotique et chrétienne.

Que dirai-je encore? Ils viennent des plus reculés continents, des plus lointaines extrémités du monde. Évêques des deux Amériques, ni l'espace immense des mers, ni les fatigues et les dangers d'un si long voyage n'ont pu vous arrêter. Portés sur les ailes de feu des modernes navires, vous êtes venus du Nord, du Sud, du Canada, des États-Unis, du Mexique, de la république équatoriale, portant sur vos visages vénérables les traces de votre laborieux apostolat dans ces immenses diocèses, où l'Évangile n'a pas achevé ses conquêtes. Je ne sais quelle ardeur de foi et de dévoûment anime vos jeunes Églises, récemment fondées sous la bénédiction du Père commun. Il bénit, et tous avec lui nous bénisssons Dieu de votre venue, la plus généreuse de toutes.

Et cependant, je me trompe : il y en a qui sont venus,

____
(1) II Cor., x, 5.

avec plus de fatigues encore, des déserts africains, des sables brûlants, des îles inconnues, de tous ces climats si funestes à l'Européen, où, missionnaires intrépides, ils sont allés porter l'Évangile, affrontant tous les jours la mort. Tous leurs compagnons sont morts! Eux-mêmes n'ont échappé que par miracle à ce lent martyre qui les dévore; mais il y a au fond de leurs cœurs, comme disait autrefois l'immortel archevêque de Cambrai, il y a un feu plus puissant qui les consume, et les fait triompher de tout par la foi et par la sublimité d'un invincible courage; et du fond de la Guinée et de l'Abyssinie, où ils évangélisent les nègres, de l'Archipel Océanien, où ils évangélisent les sauvages, ils sont venus. Les périls du Père commun les ont émus dans leurs lointaines solitudes, où ils resteraient sans aucune consolation, si Dieu n'était pas toujours plus près de ceux qui semblent seuls et délaissés du monde entier, près de ceux qui ont tout sacrifié, et, selon l'admirable expression de saint Paul, ont livré leurs âmes pour le nom du Sauveur Jésus, et se sont eux-mêmes livrés à la grâce de Dieu : *tradili gratiæ Dei* (1).

Il y en a que je n'ai pas nommés encore, Messieurs; mais qu'il me soit permis de le dire avec simplicité : si nous, Français, nous sommes ici les plus nombreux, c'était notre devoir : il nous convenait d'attester, par notre présence ici, que la France n'a pas cessé d'être la fille aînée de l'Église, et qu'entre la sainte Église romaine, mère et maîtresse de toutes les Églises, et les Églises de France, c'est, comme le disait autrefois saint Paul, à la vie et à la mort, *ad convivendum et ad commoriendum* (2).

Qui sunt hi, et unde venerunt? Qui sont-ils et d'où sont-ils venus? Je vous l'ai dit, M. F.; mais comment sont-ils venus?

(1) *Act.,* xv, 40.
(2) II Cor., vii, 3.

Ah ! je pourrais répéter après votre grand saint Grégoire :
« Sous les pieds des saints de Dieu, l'Océan s'est incliné :
« *Pedibus sanctorum substratus Oceanus* ; » l'Océan, la Mé-
diterranée, toutes les mers les ont vus : étonnées, elles se
demandaient : Où vont ces hommes ? et courbaient avec
respect leurs flots sous leurs pieds pour les porter à la ville
éternelle.

Vous savez le reste ; car cet aimable récit a été fait, et je
puis achever le texte entier de saint Grégoire : L'Océan a
entendu retentir l'antique et joyeux *Alleluia*. Ils sont venus,
les cantiques du Seigneur sur les lèvres en même temps
que l'amour du Père commun dans le cœur. On les voyait,
mettant le pied sur le navire qui devait les porter vers
Rome, entonner le doux *Ave Maris stella*, et le redire à
celle que l'Église appelle l'Étoile de la mer ; et, du rivage,
les fidèles leur répondaient. Marseille, la catholique Marseille, les acclamait avec ivresse. Et pendant la traversée
rapide, mais trop lente au gré de leur impatient désir, ils
recommençaient leurs chants qui retentissaient au loin sur
la mer sonore et brillante ; et quand enfin ils touchèrent à
la première ville hospitalière du patrimoine de saint Pierre,
ils chantèrent avec joie le beau psaume : *Lœtatus sum in
his quœ dicta sunt mihi* (1) : « Je me suis réjoui de ce qu'il
« m'a été dit : Vous entrerez enfin dans la maison du Sei-
« gneur, *in domum Domini ibimus*. » Et c'est au milieu de ces
chants et de cette explosion d'amour et de foi qu'ils mirent
le pied sur le sol italique, *Italiam, Italiam*, entourés de
tous ces prêtres accourus avec un si pieux empressement
à leur suite, et se pressant avec eux aux portes de la ville
éternelle.

Ah ! je me reprocherais de ne pas rendre ici à tant de
Prêtres généreux un solennel hommage ! Oui, Messieurs, il
est doux au cœur de vos Évêques, il est doux au cœur du

____

(1) Ps. 121, 1.

Père commun de vous voir, si nombreux dans la cité sainte, au jour du grand témoignage de l'épiscopat catholique, témoigner aussi au monde de l'indissoluble union de l'épiscopat et du sacerdoce dans l'invincible attachement à la Chaire de Pierre ; il est beau, il est édifiant de vous voir vous prosterner avec tant de foi et de piété dans tous ces sanctuaires fameux, ennoblis, consacrés par le souvenir des saints, par le sang des martyrs. Il n'y a que Dieu qui sache, et vos modestes presbytères en seront longtemps les seuls témoins, au prix de quels sacrifices et de quelles privations vous aurez accompli ce pèlerinage. Mais, bons Prêtres, que vous importe ? Vous serez heureux d'avoir pu prouver, du sein même de votre pauvreté, à Pie IX et au monde, qu'il n'y a dans l'Église qu'un cœur et qu'une âme, dès qu'il s'agit du Vicaire de Jésus-Christ. Oui, tous, je vous bénis avec tendresse et avec respect ; mais Dieu seul, par la voix de son Vicaire, peut vous bien récompenser.

O sainte hiérarchie de l'Église catholique, œuvre d'une simplicité et d'une force vraiment divines ! Dans son sein profond, en dehors des atteintes de toute puissance humaine, l'Église de Jésus-Christ possède deux principes de féconde et immortelle vitalité, deux forces invincibles d'expansion et de concentration. On dirait de cette belle hiérarchie comme d'une de ces armées célestes, de ces grands systèmes d'astres semés dans la vaste étendue des cieux. Chaque astre a ses lois, ses mouvements, ses harmonies, et cependant n'est pas indépendant et isolé dans l'espace, mais fait partie d'un système, gravite autour d'un resplendissant soleil, principe de tous les mouvements et centre de la lumière : ainsi de l'Église catholique. Elle distribue au firmament du monde spirituel, comme autant de foyers de lumière et de vie, ses Évêques avec leurs Prêtres : *Vos estis lux mundi* (1), dit Notre-Seigneur ; comme autant d'astres, *stellas,* dit saint Jean

(1) MATH., v, 14.

l'Évangéliste. Mais ces astres du ciel de l'Église, comme les astres de ce ciel du monde, ont aussi leur centre lumineux qui les attire, et autour duquel ils se meuvent d'un mouvement sûr et harmonieux. Ce centre de l'Église, ce soleil du monde des âmes, c'est la Papauté ! Voilà la hiérarchie et la magnifique unité de l'Église ; et si cette loi était violée, cette unité brisée, que resterait-il dans le monde des âmes ? Des astres errants dans l'espace, *sidera errantia*, confondant leurs orbites, s'entrechoquant et périssant dans les ténèbres (1) !

Mais, grâces immortelles en soient rendues à Dieu, c'est un autre spectacle que la terre aujourd'hui contemple dans ces Évêques du monde entier, pacifiquement rangés autour de la Chaire apostolique ; et voilà ce qui fait votre beauté et votre force, ô sainte Église de Jésus-Christ, quand vous marchez, Pierre à votre tête, comme cette armée dont parle l'Écriture, *ut castrorum acies ordinata* (2), présentant à tous les regards un front invincible, pressant vos ennemis de tout le poids de vos bataillons serrés ; Jésus-Christ, votre chef invisible, vous mouvant d'en haut, vous faisant en tout agir tout entière, et rassemblant ici-bas, sous la conduite de Pierre, toutes vos forces dans une seule action (3).

Voilà donc, Messieurs, qui nous sommes, d'où et comment nous sommes venus. Et maintenant, où sommes-nous ?

Nous sommes là, dans la cité sainte, dans la ville éternelle, dans cette Rome, la chère et commune patrie de tous les cœurs chrétiens Et qui ne le sent, qui ne le dit, qui ne le voit, à cet épanouissement des cœurs, des lèvres ? Chacun se trouve ici content, heureux, à l'aise, comme dans sa patrie, dans sa maison, dans sa famille.

Nous sommes là entre tous les souvenirs fameux, et les plus hautes pensées, et les plus grandes choses, entre les tombeaux des héros et les tombeaux des martyrs, sur un sol

(1) Judæ, 13.
(2) *Cant.*, vi, 2.
(3) Bossuet, *Sermon sur l'unité de l'Église.*

prédestiné, où les ruines sont glorieuses, où la poussière même est sainte.

Et à quelle heure sommes-nous ici? Il faut le dire : à l'heure du péril, mais ne craignant pas. Nous sommes ici, — qui ne remarquerait cette étrange conjoncture des temps? — comme les apôtres au cénacle, entre l'Ascension et la Pentecôte, priant, espérant, ne craignant pas.

Il y en a, je le sais, qui craignent pour nous, et qui nous prêtent leurs sollicitudes, et qui ont dit peut-être, en raillant notre départ : « Mais où allez-vous? Votre Dieu n'y est plus. « Il a disparu. *Ubi est Deus eorum* (1)? »

Ainsi raillaient les Juifs, sûrs d'avoir scellé la tombe de Jésus-Christ, quand les disciples s'enfermaient avec Pierre et Marie dans le cénacle. Et le jour même de ces railleries blasphématoires, dès le matin, tout à coup les cieux s'ébranlaient, un bruit inconnu se faisait entendre, le Saint-Esprit, l'Esprit de vérité, l'Esprit d'amour et de force descendait avec sa flamme dans les cœurs, manifestait sa présence par des coups dont le monde retentit encore ; et si tout a cédé à l'irrésistible empire de la parole apostolique, si la loi de charité et de grâce a été fondée sur la terre, si je vous parle, si vous êtes ici après dix-huit siècles, si vos cœurs sont remplis d'un feu sacré, c'est à la vertu de ce jour immortel que nous le devons.

Vous qui croyez l'Église à son déclin, regardez-la donc de près, et voyez dans ses regards cette flamme de vie, et sur son front cette jeunesse éternelle ; et dites-nous si tout cela n'est pas debout, vivant, immortel, par la vertu divine et à jamais invincible de Celui qui descendait sur les apôtres au matin même du jour où mille voix s'écriaient autour de vos pères : « *Ubi est Deus eorum?* Où donc est leur Dieu? »

Eh bien ! voilà ce que nous avons fait. Nous sommes venus ici, dans cette confiance, pour ce grand anniversaire, qui

____

(1) Psalm. 113, 17.

cette année sera solennisé par la canonisation de nos martyrs : souvenir glorieux, qui nous rappelle que la vertu de la
Pentecôte demeure jusqu'à nous, que le cruel Japon et tous
les tyrans peuvent frapper ; que les apôtres de l'Évangile ont
dans leurs veines un sang qui ne demande qu'à couler pour
Jésus-Christ, et que l'Église ne saurait défaillir, dans la grande
mission qui lui a été assignée par son divin fondateur, d'être
à jamais ici-bas le témoin et le répondant de la vérité et de
la justice.

Quelquefois, dans ces moments, je ne dirai pas de décou-
ragement et de désespoir, mais de tristesse et de trouble,
qui durant les jours mauvais saisissent les âmes même les
plus fortes, à la vue de l'éloignement apparent de Dieu, on se
dit : Oh ! comme Dieu éprouve son Église ! Et moi, je suis
tenté de dire : Oh ! comme il la console ! comme il la soutient ! comme il la glorifie ! comme, dans je ne sais quel jeu
divin de sa Providence, il se plaît à faire succéder pour elle,
pendant le cours de son pèlerinage ici-bas, à des épreuves
passagères, d'inattendus et triomphants secours ! L'épreuve,
c'est un de ces brouillards du matin qui quelquefois s'élèvent
et effraient le voyageur timide. Mais celui qui a du cœur, et
continue sa route, voit bientôt se dissiper la vapeur humide
et froide, et le soleil resplendir au plus haut des cieux. Chrétiens, chrétiens de peu de foi, que craignez-vous ? *Quid timidi
estis* (1) ? Dieu est derrière le nuage ; attendez un peu, il se
montrera, et vous le reverrez dans sa force et dans sa gloire !

Pour moi, quand je vous regarde, quand je vous compte,
et que j'entends le cri de vos âmes, je ne puis point ne pas
me dire : Il y a ici je ne sais quelle secrète et puissante action
de Jésus-Christ ; c'est comme une aurore, comme un lointain
parfum de victoire. Oui, c'est ici la veille d'un triomphe, si
ce n'est pas le triomphe même. C'est la veille d'une de ces
victoires que chantait saint Paul quand il disait : « La victoire

____

(1) MATT., VIII, 26.

« qui triomphe du monde, c'est notre foi. *Hœc est victoria*
« *quæ vincit mundum, fides nostra* (1). »

Et de bonne foi, je le demande même à ceux qui n'ont pas
le bonheur de partager nos croyances et nos espérances : Y
a-t-il ici-bas une ville, un peuple, un roi, une puissance sou-
veraine, quelle qu'elle soit, qui sur un simple désir du cœur,
exprimé dans les termes les plus ménagés, les plus réservés,
les plus délicats, ait vu tout à coup le monde entier s'ébranler, et de toutes les extrémités de son empire, les représentants de tous les peuples venir mettre à ses pieds leur dévoûment et leur amour? Non, je ne fais injure à aucune des
puissances de la terre en disant qu'il n'y en a pas une qui
puisse ainsi remuer la terre entière. Je le répète : il y a là un
signe éclatant de la présence de Dieu dans son Église, et,
pour le jour que sait la Providence, un présage certain de la
victoire.

Et quand nous n'aurions pas pour affermir nos âmes ces
grandes pensées, le sol que nous foulons aux pieds suffit pour
inspirer les mêmes espoirs.

J'aime, je l'avoue, quand je suis à Rome, à rechercher
nos origines, j'aime à descendre dans les entrailles de la
terre, à visiter ces immortelles catacombes, sanctifiées par
nos martyrs, à y retrouver les souvenirs et les ossements sacrés de ceux qui sont morts pour Jésus-Christ. Et parmi ces
profondeurs divines, où je me plais à pénétrer, il en est une
que j'ai recherchée entre toutes les autres, et dont vous avez
peut-être recherché comme moi l'horreur attendrissante et
le glorieux dénûment. Je veux parler des prisons mamer-
tines. Oui, quand je veux relever mon courage, c'est là que
je vais. Je descends à la dernière profondeur, et écartant les
souvenirs profanes, Jugurtha, les complices de Catilina, et
tous les autres que ce lieu rappelle, c'est là que je retrouve
Pierre et Paul... Que se passait-il dans l'âme de ces grands

(1) *Ep.* Joan., v, 1. 4.

apôtres, enchaînés là tous deux, seuls, dans cet infect cachot ? Plus de lumière, plus de soleil, plus de vie... Et puis, on les tire tous deux de là, et ils vont en silence, l'un mené vers les jardins de Néron, l'autre sur une autre voie... où sa tête tombe, car il est citoyen romain... Pour le premier, il a l'honneur incomparable, justement réservé au prince des apôtres, d'être crucifié comme son maître, mais la tête en bas...

Tout ému de ce souvenir, je sors de ces ténèbres, je retrouve le jour, et mon pied touche le Capitole. J'y vois encore ce rocher immobile chanté par le poète, *Capitoli immobile saxum ;* mais à la place du Jupiter Capitolin, que virent là Pierre et Paul, j'y vois la croix de leur maître. Elle règne, elle triomphe, elle est là, glorieuse : eux, ils sont morts !... Je continue à cheminer dans cette Rome, déserte pour ma pensée, malgré la foule, et je retrouve ces deux hommes, Pierre et Paul, l'un sur la colonne Trajane, les clés du royaume des cieux à la main, l'autre sur la colonne Antonine, avec le glaive de la parole qui a vaincu le monde... et ils sont morts !... Je continue, j'entre dans les jardins de Néron, où ce misérable se servait des premiers chrétiens comme de flambeaux vivants pour éclairer ces jeux nocturnes : *in nocturni luminis usum* (1), et là même, sur l'obélisque de granit qui se dresse encore au milieu de la place immense, je lis : *Christus vincit, Christus regnat, Christus imperat...* et ils sont morts !... Je continue : je passe entre les temples, les images sacrées et les portiques, et je pénètre dans cette basilique, la merveille du monde, j'entre dans cette lumière, dans cette splendeur, dans cette immensité, dans ce rayonnement de toutes les gloires, depuis le Père céleste resplendissant à la voûte, au milieu des séraphins et des anges, jusqu'à ce glorieux tombeau ; et parmi les grandes figures des Prophètes, des Évangélistes, des Docteurs, des fondateurs

(1) Tacite.

d'ordre, de tous ceux qui ont fait une œuvre ici-bas, je lis gravées en caractères d'or ces paroles immortelles : « *Tu es* « *Petrus, et super hanc Petram œdificabo Ecclesiam meam,* « *et portœ inferi non prœvalebunt adversus eam !* Tu es « Pierre, et sur cette pierre je bâtirai mon Église, et les « portes de l'enfer ne prévaudront point contre elle... (1) »

Et en vérité, quand je traverse ces grands contrastes, quand je suis accablé d'admiration en présence de ces monuments et de ces triomphes, lorsque je viens à me dire : « Il y a des « hommes qui veulent habiter là, qui veulent se poser et « s'asseoir là... au milieu de ces splendeurs et de ces gran- « deurs... » Mais... c'est impossible !... mais la nature invincible des choses y répugnera éternellement ! On ne refait pas l'histoire ! On ne refait pas le genre humain !... Mais il faudrait alors raser Rome tout entière, et en refaire une à votre taille...

Restez donc à votre place, et pour l'honneur de l'Italie et du monde, laissez à la sienne le Vicaire immortel de Jésus-Christ.

Il est donc vrai, et il faut l'ajouter : partis de si loin, nous sommes arrivés providentiellement à la magnificence, à la splendeur, à ce légitime éclat de la pourpre romaine ; mais sachez-le bien, nous n'oublions pas nos origines, et quelles que soient les apparences, ne croyez point que nous tenions à cette pourpre : elle couvre de profondes vertus et des lumières qui n'ont pas défailli depuis dix-huit siècles dans le cœur des Pontifes ; et nous redisons tous avec saint Paul, et nul ne le redit mieux que Celui dont votre amour généreux, M. F., fait aujourd'hui le plus riche trésor : oui, notre vénéré Pontife, dans sa sublime pauvreté, redit, et nous tous avec lui, et avec le grand apôtre : *Scio et abundare, scio et humiliari* (2) ; je sais être dans l'abondance et je sais être aussi dans l'humiliation et la détresse ; et puisque ces jours sont

____

(1) MATT., XVI, 18.
(2) PHILIP., IV, 12.

venus, le pain que me donnent mes enfants est doux à mon cœur...

Quand il plaît à Dieu d'envoyer la paix et la gloire à son Église, l'Église, Messieurs, sait en jouir, non pour elle, mais pour vous. Pour elle, elle n'oublie jamais ni Bethléem, ni le Calvaire, ni la prison mamertine, ni les catacombes, prête à y redescendre encore, si Dieu le voulait, certaine d'en sortir un jour avec ce feu sacré de la vertu chrétienne, sans lequel le monde entier retomberait dans ces ténèbres, dans cette nuit éternelle qui, comme l'a chanté votre grand poète, menace toujours les siècles impies :

Impiaque œternam timuerunt sœcula noctem !

Et ici, Messieurs, une pensée me frappe, un rapprochement me saisit. — Il y a, au moment où vous m'écoutez, deux villes dans le monde où se parlent toutes les langues, et où se sont donné rendez-vous tous les peuples, par leurs divers représentants : Londres et Rome ; Londres, où sont venus, pour la grande exposition des merveilles de l'industrie humaine, tous les capitalistes et les savants de la terre ; Rome, où sont venus, pour se ranger autour du Père commun des fidèles, les Évêques de toutes les parties du monde chrétien.

Je suppose, hypothèse heureusement impossible, que, par un affreux malheur, tout ce qui est à Londres disparaisse dans une immense et subit affaissement : certes, ce serait une catastrophe digne de nos larmes, mais après tout, une calamité réparable ; car enfin, chose semblable s'est déjà vue sur la terre. Témoin cette Rome même où nous sommes, et où l'ancien monde avait fait comme une exposition perpétuelle de son industrie, de ses arts, de ses richesses : mais un jour, Dieu envoya la tempête, et toutes les merveilles de ce vieux monde disparurent ; et ce sont ces Papes, que les sauvages du XIXe siècle appellent des barbares, qui sont allés en rechercher les débris sous les décombres. Ils ont tiré des ruines du palais de Néron l'Apollon, ce faux dieu ; mais ce beau marbre, ils l'ont logé dans leur palais. Ils ont réuni autour d'eux les Raphaël, les Michel-Ange et les Bramante ; ils ont encore les Overbeck et les Tenerani. Mais plusieurs siècles d'efforts, en ressuscitant les arts du monde ancien, n'ont pu les surpasser. Si vous êtes si fiers de ce que vous appelez vos découvertes, Messieurs, prêtez de loin votre oreille au bruit extraordinaire de cette immense destruction, promenez les regards de votre esprit consterné sur ce monde antique, puissant, ingénieux, poli, brillant, et voyez-le tout à coup écrasé, oublié, disparu, sous une épouvantable chute ! Mais qu'a fait l'humanité ? Elle a recommencé, et, après dix-neuf siècles, nous la voyons exposant de nouveau ses arts, ses statues, son travail, son industrie.

Ah ! ce n'est pas vous, Messieurs, ce n'est pas moi, qui voudrions maudire l'industrie moderne. Elle est fille du travail, et le travail est digne de respect ; l'homme y trouve sa noblesse dans son châtiment. Qui a fait les merveilles de l'industrie moderne, le travail libre de l'ouvrier intelligent et honnête ? Qui a rendu le travail libre ? Qui a rendu l'ouvrier honnête ? C'est le christianisme. Sans lui, que serait l'industrie ? Loin de lui, que deviendrait-elle ? L'industrie, sans le vouloir, se courbe en serviteur docile et concourt aux desseins de Dieu. Elle nous a portés ici, et je remercie ces instruments ingénieux qui accélèrent ici-bas la marche des envoyés de l'Évangile... Seulement, à ces hommes réunis loin de nous, à travers la distance, au milieu des splendeurs, de l'enivrement, de la richesse, des succès, je crie : Pensez à Dieu !

Puis je regarde Rome.

A Rome, on pense à Dieu. Nulles richesses, nul enivrement ; un pauvre prêtre entouré de pauvres prêtres, la faiblesse apparente, des craintes et des adieux avec des prières, trois cents vieillards réunis autour d'un autre vieillard qui est leur père, et qui peut leur dire, comme le prince des

apôtres : *Seniores obsecro, consenior ego, et testis Christi passionum.* « Vieillards de l'assemblée sainte, je vous conjure,
« vieillard comme vous, témoin et héritier des souffrances
« de Jésus-Christ (1). »

Eh bien ! supposez un moment que ces trois cents vieillards disparaissent de la face de la terre. Au lieu de supprimer les dix mille capitalistes qui sont à Londres et ce qu'ils peuvent, les dix mille savants et ce qu'ils savent, supprimez les trois cents vieillards qui sont ici et ce qu'ils représentent, la foi, la vertu, Jésus-Christ, les saints, l'Eucharistie, l'Évangile, la croix ! Oui, supposez un moment ces choses de moins dans le monde ! Comment le monde les retrouvera-t-il ? sous quels décombres ira-t-il les rechercher ? Ah ! nous ne sommes pas des capitalistes, des spéculateurs, des industriels ; nous n'avons pas été envoyés aux hommes pour faire des machines : mais nous avons été donnés au monde pour sauver les âmes, et les âmes ont besoin de nous ; et sans nous, les âmes mourraient au milieu des richesses ; et si vous nous repoussez, sachez bien que vous attentez aux âmes.... Et si vous vouliez porter des mains encore plus insensées que sacriléges sur la pierre fondamentale qui nous porte, essayant de l'ébranler, afin d'ébranler tout l'édifice avec elle, ah ! redoutez votre triomphe, car vous seriez écrasés vous-mêmes sous les ruines que vous auriez faites !

Mais c'est assez dire ce que nous sommes, ce que nous représentons, et pourquoi notre concours extraordinaire ici, autour de la chaire du Père des fidèles et du Pasteur des Pasteurs. Voyons maintenant ce qu'est spécialement l'Église d'Orient, et ce que, dans cette circonstance solennelle, elle demande de nous et de vous.

____

(1) I Pet., § 1.

II.

Eh bien donc, M. T.-C. F., reposons-nous maintenant dans les pensées de l'amour, de la charité évangélique, dans l'inclination de nos cœurs à secourir et à consoler cette Église d'Orient, notre sœur, je dirais presque notre mère par son antiquité, son origine et ses premiers bienfaits.

Vous connaissez tous, Messieurs, l'appel qui vous a été adressé par les évêques de l'Orient qui sont à Rome, par les évêques de Syrie, de Constantinople, de Smyrne, de la Grèce. Ils vous ont exposé les besoins de leurs églises : ils vous ont conjuré de les aider à faire fleurir les chrétientés fidèles, et à ramener à l'unité les schismatiques.

Vous connaissez aussi les lettres admirables par lesquelles notre vénéré Pontife nous exhorte à tourner nos regards vers l'Orient, encourage ces églises affligées, et appelle les communions séparées à l'unité, avec toute la tendresse de son âme apostolique.

Vous savez enfin, ou du moins il importe que vous sachiez ce que vous devez, ce que nous devons tous à l'Orient, ce qu'il a été pour nous, et ce que vous pourriez être pour lui... Mon Dieu ! nous oublions trop tout cela ; nous l'oublions comme on oublie les bienfaits éloignés, mais il importe de s'en souvenir...

Ah ! qu'ils furent beaux les pieds de ces hommes, qui des montagnes de l'Orient, des sommets sacrés du Sinaï, du Carmel, du Thabor, du Calvaire, sont venus nous évangéliser la paix et tous les biens ! *Quam pulchri super montes pedes evangelizantium pacem* (1) !

Quel jour ce fut dans l'histoire du monde, que celui où au fond de l'Orient, sur les bords de cette mer célèbre et en-

____

(1) Is., LII, 7.

chantée, qui nous a tous portés ici, une bouche divine adressa à douze pauvres orientaux ces immortelles paroles : *Ite, docete omnes gentes* (1)! Et la parole de Dieu, selon l'expression de l'Apôtre, se mit à courir la terre, *currit sermo Dei* (2), portant partout la lumière et la vie, plus puissante que la première parole qui avait dit : Que le jour soit! et le jour fut... Oh! que l'Orient sera beau à voir, quand les divines clartés qu'il a perdues retourneront vers lui, quand le soleil de la foi, descendant glorieux à l'Occident, renverra ses suprêmes et plus brillantes splendeurs vers les cimes du Sinaï, du Calvaire, de l'Ararat, vers tous les sommets sacrés de l'univers, éclairant de là toutes les plages, tous les déserts, toutes les rives de l'Afrique, de l'Asie, et les îles inconnues!

L'Orient! l'Orient! berceau de toutes les grandes choses de l'humanité! berceau des races, berceau des langues, berceau des vieilles traditions et de la foi sacrée des peuples!

Mystérieux et fatidique Orient, où la sagesse divine a rendu ses oracles! où la sagesse humaine allait chercher les vieux souvenirs, les primitives croyances, et cette science blanchie par le temps dont parlait le prêtre égyptien au philosophe de la Grèce!

L'Orient! antique foyer de toute civilisation, de toute lumière sacrée et profane!

L'Orient! centre, pendant quatre mille ans, de toutes les affaires divines et humaines! Oui, pendant quarante siècles tous les regards de l'humanité, toutes ses espérances, tous ses soupirs furent tournés vers l'Orient!

Là les premiers hommes, les premiers ancêtres de l'humanité, entendirent la voix de Dieu!

Là fut le mystérieux et douloureux Eden : au temps de la primitive innocence, là, sur le bord de ces quatre fleuves fa-

(1) MATT., XXVIII, 19.
(2) Thes., 3, 1.

meux, qui de l'Eden coulaient vers les quatre points de l'horizon, l'humanité connut un jour de bonheur, trop tôt suivi, hélas ! d'un coup de foudre et d'une affreuse nuit ! Là tout en nous, un moment, fut pur, noble, saint… et bientôt, hélas ! tout fut troublé, abaissé, flétri !

Là fut rendu le premier châtiment, puis aussitôt après donnée la première promesse, la première espérance : oracles sacrés, répétés de siècle en siècle par tous les prophètes. Oui, toutes les promesses, toutes les benédictions de Dieu ont été là.

C'est là que Dieu ne tint pas sa miséricorde enchaînée dans sa colère, et ne voulut pas être un seul jour oublieux de ses bontés !

C'est là, pour montrer qu'il n'avait pas rompu avec l'humanité, malgré sa chute, qu'il eut ses premiers amis parmi les enfants d'Adam : Abraham, Isaac, Jacob, dont il aime à se nommer le Dieu, comme s'il voulait s'unir par son nom à la famille des hommes : lui qui s'appelle *le Roi immortel des siècles*, *l'Ancien des jours*, *Celui qui est*, il s'appelle aussi le Dieu d'Abraham, d'Isaac et de Jacob, et Jésus-Christ se plaît dans l'Évangile à répéter ces noms de l'amitié divine.

C'est là qu'il refit solennellement alliance avec notre nature, et qu'il y eut un peuple de Dieu sur la terre.

C'est là que toutes les figures du sacrifice qui devait sauver le monde furent montrées aux hommes.

Là parurent tous les hommes divins : non seulement les vieux patriarches, mais ce Melchisedech, tout à la fois roi et pontife, *rex et sacerdos :* image par le pontificat et la royauté — royauté de justice et de paix — image du vicaire de Jésus-Christ. Vous le voyez, Messieurs, le pontificat royal est ancien comme le monde !

Moïse et Aaron : Moïse, libérateur du peuple de Dieu, et figure du grand libérateur du monde ; Moïse, qui, sur le Sinaï fumant, vit Dieu face à face, et redescendit apportant de là au monde cette incorruptible lumière de la loi qui devait illuminer tous les siècles. *Incorruptum legis lumen incipiebat sæculo dari* (1).

Là tous les prophètes ont chanté : David, Isaïe, Jérémie ; ils chantaient la gloire et les douleurs du Christ, la joie et les tristesses de son Église, car toujours, dans les chants sacrés, comme dans les œuvres divines, la joie est unie à la douleur, et le cantique de la victoire précédé des gémissements de l'épreuve.

Et en même temps que les prophètes chantaient, Dieu faisait, dans les entrailles de l'Orient, au fond des races humaines, cette lointaine et mystérieuse préparation à l'accomplissement de tous les oracles.

Là passaient les uns après les autres sous la main de Dieu ces grands empires, que Daniel a vus, préparant le grand empire romain qui les absorba tous, pour faire place lui-même, dans un empire plus grand, à une unité plus haute, terme de toutes les pensées divines.

Et cet empire sans armes, fondé par la foi et par l'amour, ce dernier et souverain empire, où devaient aboutir tous les mouvements des peuples, et se résumer toute l'histoire, cet empire immortel du Christ, c'était toi encore, ô Rome, qui devais en être la capitale, toi que le travail de l'Orient et du vieux monde pendant quarante siècles enfantait, toi que ta mystérieuse destinée appelait à être deux fois reine du monde.

> *Roma, caput mundi, quidquid non possidet armis,*
> *Relligione tenet !*

Et ainsi tout a commencé en Orient, tout est venu de l'Orient : les plus grands noms, les plus grandes choses de l'humanité : Moïse, Élie, Jésus-Christ ; la loi, la prophétie, l'Évangile.

C'est là, sous ce beau ciel, à l'ombre de ces palmiers et de

(1) *Sapient.*

ces térébinthes dont parle l'Évangile, au pied de ces montagnes qui bordent l'horizon, dans ces lieux nommés des noms les plus chers et les plus saints : Bethléem, Nazareth, le Thabor, le Calvaire, qu'apparut un jour le plus doux et le plus beau des enfants des hommes, fils d'une pure Vierge, fruit merveilleux de la plus belle fleur de l'humanité, fils de l'homme et fils de Dieu, portant le premier nom avec prédilection, afin de converser plus doucement avec nous et de mieux voiler sa gloire : Jésus-Christ Notre-Seigneur, petit enfant de l'Orient, dont les paroles ont éclairé la terre, renversé la sagesse antique, rendu des entrailles au genre humain, ressuscité les morts dans le court passage de Bethléem au Calvaire. *In terris visus est, et cum hominibus conversatus est* (1).

Dans les bourgades, dans les villes, au bord des lacs, dans les déserts, sur les montagnes, les peuples le suivaient en foule ; et ouvrant sa bouche divine, il révélait aux hommes les choses du ciel !

O Orient ! ô Emmanuel ! ô soleil de justice, que disiez-vous donc ? qu'apportiez-vous ?

Il apportait l'illumination des hommes et la rédemption par son sang : car son sang a coulé là, et a consacré à jamais cette terre. Son apostolat divin, c'était, par la croix, l'apostolat de l'amour et de la lumière. A la terre froide et glacée, et endormie dans les ténèbres, il apportait le réveil dans la vérité pure et la céleste charité. Il venait ouvrir au monde ces horizons inconnus, infinis, dont le poète immortel de l'Italie, votre Dante, a dit *qu'ils n'ont pour confins que la lumière et l'amour.*

Che solo amore e luce ha per confine.

A cette irradiation nouvelle venue de l'Orient, tous les peuples du monde devaient se relever et tressaillir. La voilà,

(1) Baruch, iii, 38.

la voilà, cette lumière attendue et annoncée par les oracles
sacrés et profanes, par toutes les grandes voix elles-mêmes !
O Rome ! voici que s'ouvre cet ordre nouveau de grands
siècles, qu'avec toutes les sybilles ton Virgile a chanté :
Magnus ab integro sœclorum nascitur ordo. Voici ces mystérieux conquérants, que les peuples — tes graves histo-
riens, ton Tacite, ton Suétone en sont témoins — attendaient
de l'Orient : *Venturos ab oriente qui rerum potirentur.*

Ils viennent, les voilà.

Quel est, au pied du Capitole, cet homme venu de l'Orient
qui tient sur son cœur, cachée sous sa robe de Juif, une croix
de bois ? Il est là, dans la foule agitée : il voit peut-être pas-
ser Néron qui s'en va à sa maison d'or, et qui bientôt le fera
crucifier : c'est lui qui doit succéder aux Césars, car c'est
lui, un jour, sous le ciel d'Orient, qui a dit à un autre
homme : « Vous êtes le Christ, fils du Dieu vivant ; » *Tu es
Christus, filius Dei vivi* (1) ! et c'est à lui que cet homme, Fils
du Dieu vivant, a répondu : « Simon, fils de Jean, ce n'est
« pas la chair ni le sang qui te l'ont révélé, mais mon Père
« céleste ; et moi je te dis : Tu es Pierre, et sur cette pierre,
« je bâtirai mon Église. »

Quel est cet autre Oriental qui arrive par cette voie
appienne où a passé tout le vieux monde ? Le voyez-vous, à
Pouzzoles, debout sur la poupe du navire, portant avec lui
l'Évangile et la fortune du monde, jetant de là un regard
impatient sur l'Italie ? Il s'avance jusqu'à ce *forum Appi* et ces
tres tabernas (2), qui sont là encore : là il rencontre les chrétiens de Rome venus au-devant de lui, et consolé, fortifié par
leur affection, — car dans sa poitrine d'apôtre il portait un
cœur d'homme, et le texte sacré remarque que son cœur
avait besoin de confiance, — il en prit, *accepit fiduciam* (3),
et remerciant Dieu, *gratias agens Deo*, il marche en avant,

(1) Mat., xvi, 16.
(2) *Act. Apost.*, xxviii, 15.
(3) *Act. Apost.*, xxviii, 15.

à travers ces fastueux tombeaux que nous voyons encore et les temples des faux dieux, vers cette grande Rome qu'il venait conquérir à Jésus-Christ : c'est Paul, l'apôtre des nations, qui vient finir à Rome, par le martyre, cette grande carrière apostolique commencée à Damas.

Ah ! quand je songe à ces deux hommes, à ce batelier de la Galilée, à cet autre, faiseur de tentes, marchant contre le colosse romain, eux deux, eux seuls, je suis saisi !

Mais après les apôtres, voici venir de l'Orient les hommes apostoliques.

Où va, poussée par les vents et les flots, cette barque sur laquelle sont montés et voguent, s'abandonnant à la Providence, le ressuscité de Béthanie, Marthe et Marie, ses sœurs ? C'est dans la vieille terre des Gaules, au doux rivage de Marseille, que les dépose la main de Dieu ; et la ville phocéenne, berceau de la lumière et de la civilisation dans notre pays, recevra par eux une lumière et une civilisation plus haute.

Et vous, qui avez vu l'apôtre saint Jean, et vous, disciple de son disciple Polycarpe, ô Pothin, ô Irénée, quittez la riante Ionie, et venez donner à la jeune Lugdunum les glorieuses prémices de la foi chrétienne et du martyre.

Et vous qui avez entendu saint Paul à l'Aréopage, et qui de ce sénat fameux êtes passé à l'école de ce barbare, vous, grand saint Denis, c'est jusqu'à Paris, cette ville réservée à de si grandes destinées, encore inconnues, que l'Esprit de Dieu vous pousse.

O Dieu ! de quel éclat brillait alors la foi dans cet Orient, qui en envoyait la radieuse splendeur aux plus lointaines extrémités du monde occidental !

Là étaient les grandes Églises patriarchales, Jérusalem, Antioche, Alexandrie, Constantinople, et tant d'autres Églises fameuses.

O Églises de l'Orient, Églises de Jérusalem, d'Antioche, d'Alexandrie, d'Éphèse, d'Athènes, de Corinthe, de Césarée, de Thessalonique, d'Édesse, de Nicée, de Constantinople !

Quels Évêques, quels saints, quels docteurs vous avez vus sur vos siéges illustres ! Là parurent les premiers apologistes ; là se tinrent, à Nicée, à Constantinople, à Ephèse, à Chalcédoine, ces grands conciles où furent définis à jamais les dogmes chrétiens, et que la foi d'un saint Grégoire-le-Grand révérait à l'égal des quatre Évangiles.

A cet Orient d'ailleurs, depuis la conquête d'Alexandre, avait été donné, pour servir aux secrets desseins de Dieu dans la propagation de l'Évangile, une langue merveilleuse, cette langue grecque, d'une richesse, d'une précision, d'une harmonie incomparable, la langue des philosophes, des poètes, des orateurs, si bien faite, comme le remarquait déjà saint Basile dans son panégyrique de saint Athanase, pour préciser la rigueur de nos dogmes et en développer la magnificence. Ce furent les Pères Orientaux qui soutinrent l'éclat des lettres grecques et en perpétuèrent la gloire.

Voyez, Messieurs, se lever de toutes ces Églises de l'Orient, pendant cinq siècles, ces grandes lumières, ces Pères de notre foi, apologistes, exégètes, théologiens, orateurs ; voyez ces glorieuses pléiades du ciel de la Grèce, saint Justin le philosophe, Miltiade, Quadrat, Méliton, Athénagore, Tatien, Clément, Origène, Eusèbe, saint Basile, surnommé le Platon chrétien ; saint Chrysostôme, la bouche d'or ; saint Grégoire de Nazianze, l'harmonieux poète et le divin théologien ; saint Athanase, l'invincible controversiste ; et tant d'autres noms glorieux qui entourent encore les chrétientés d'Orient d'une immortelle auréole. La science, l'éloquence, la sainteté, toutes les gloires divines et humaines à la fois étaient là. Quelle fécondité ! quel éclat ! quelle vie ! quelle puissance !

Mais hélas ! hélas ! ô Constantinople, c'est toi qui as tout perdu !... Tu as tout perdu, lorsque dans un jour d'égarement tu as voulu t'élever et dominer dans ton orgueil ! Ce n'est pas à toi, c'est à Rome qu'a été donné la primauté dans l'Église.... Mais tu l'as convoitée, et pour l'obtenir, hélas ! hélas ! tu t'es livrée, tu t'es faite esclave ! tu as voulu conquérir les gloires mondaines, et ton triomphe a été la source de toutes les misères, et l'origine de ce monstrueux empire, despotique et abject, que les nations de l'Europe se fatiguent à soutenir ! Et ton patriarche, avili, abaissé, n'a plus été qu'un vil jouet dans les mains de tes despotes couronnés !

Et voilà cependant aujourd'hui ce qu'on voudrait que devînt le Pontife auguste de la ville éternelle, le guide de notre foi, le père de nos âmes ! Mais non, mon Dieu, jamais ! jamais !

Le schisme livra donc misérablement l'Église au pouvoir, et les peuples à l'islam ; car, bon gré, malgré, la liberté des peuples est toujours solidaire de la liberté de l'Église ! Constantinople, tombée enfin sous le cimeterre de Mahomet, fut et reste aux yeux du monde le plus lamentable exemple de ce qu'il en coûte aux peuples pour rompre avec l'unité.

Et c'est ainsi que depuis tant de siècles, ces belles contrées, les plus florissantes de l'ancien monde, gémissent sous le joug abrutissant des Turcs. Que sont devenues toutes ces grandes et illustres Églises que nous énumérions tout à l'heure avec orgueil ? C'est à vous, pieux Évêques, qui montriez tout à l'heure à l'Église de Rome les rites vénérables de votre vieille liturgie orientale, c'est à vous plutôt qu'à moi qu'il appartiendrait de redire ici les maux de vos Églises, leur asservissement, leur pauvreté, leur détresse et la terreur de mort que le fanatisme musulman suspend incessamment sur elles ! Mais que dis-je ? Les derniers éclats de ce sanglant fanatisme n'ont-ils pas récemment épouvanté le monde par des horreurs telles que le soleil n'en avait jamais éclairé de pareilles ? Les plus terribles fléaux de Dieu avaient-ils jamais montré au monde rien qui approchât des abominables massacres de Saïda, d'Harbeia, de Rachaya, de Der-el-Kamar, de Damas ?

L'avenir étonné se demandera peut-être comment ce despotisme et cette barbarie subsistent encore. « Ah ! disait au-« trefois Bossuet, la politique soutient cet empire décrépit « qui menace ruine ; elle fait autour de lui des barrières pour

« l'empêcher de tomber ! » De même encore aujourd'hui, rongé jusque dans ses entrailles et miné sur sa base chancelante, ce n'est plus que par l'étrange accord des puissances chrétiennes qu'il demeure là… On l'empêche de tomber sans pouvoir l'empêcher de mourir, et, en mourant, d'opprimer, de diviser, d'affaiblir encore les restes de nos Églises de l'Orient. Et cependant des millions de chrétiens gémissent sous son joug, livrés presque sans défense à sa merci et à sa haine !

Mais laissons ces choses, et ne nous occupons que des âmes, — quoique le sort des âmes soit bien attaché, certes, à ces choses, — et à travers le fer, le feu, le sang, les horreurs, allons aux âmes, cherchons les âmes !

Grâce à Dieu, l'ombre de l'épaisse nuit qui enveloppe depuis tant de siècles le triste Orient commence à s'éclairer, et des signes consolants apparaissent. La double tyrannie de l'islam et du schisme, qui pèse sur ces malheureuses chrétientés, a déjà reçu de profondes atteintes, et elle va s'usant chaque jour.

Quoi que fasse la politique, la décomposition de l'empire musulman est visible, et sous ses ruines, quand il tombera, apparaîtront ces nationalités que la sève chrétienne y a conservées, opprimées, mais vivantes. Car il est remarquable, Messieurs, que l'islamisme n'a pas pu tout absorber dans l'empire turc, et qu'il y a encore en Orient, grâce au christianisme, des peuples distincts, des Arméniens, des Maronites, des Bulgares et d'autres pour qui la question nationale se confond avec la question catholique. C'est, avec la grâce de Dieu, pour l'avenir de la foi dans ces pays, une sérieuse espérance.

Le schisme aussi paraît frappé mortellement. Il est devenu trop évident par l'histoire que, séparant les peuples du foyer des lumières et de la vie chrétienne, et livrant l'Église au pouvoir, le schisme traîne après lui deux inévitables fléaux : l'ignorance et l'asservissement des consciences.

Ah! pourquoi l'Orient tarde-t-il tant à le reconnaître? Que ne l'a-t-il compris le jour où nous lui tendions si loyalement la main, aux conciles de Lyon et de Florence! Depuis ce temps il n'y a point de sérieuses difficultés doctrinales entre l'Orient et nous. Pourquoi l'union, si facile, si désirable, ne s'est-elle pas consommée? Du moins, alors, un grand pas a été fait, et depuis ces conciles, si l'on veut me permettre d'emprunter à la langue diplomatique une expression pleine de justesse, il y a pour l'union un protocole ouvert, et chaque Église orientale peut, quand elle le voudra, y apposer sa signature.

Il y a plus, et on peut dire que la question d'Orient vient d'être posée solennellement de nouveau dans l'Église catholique.

O Père commun de toutes les Églises, ô Pasteur des agneaux et des brebis, ô Pasteur des Pasteurs, malgré les périls qui vous environnent et les soins universels qui vous accablent, que de fois, oubliant vos propres douleurs, vous avez tourné vos regards et votre cœur vers les douleurs de vos fils en Jésus-Christ, les chrétiens de l'Orient, appelant sur eux les sympathies et les prières du monde chrétien, et les appelant eux-mêmes à vous avec le plus tendre et le plus paternel amour!

C'est par suite de cette haute sollicitude que, tout récemment encore, le Saint-Père donnait à l'Orient, au sein de l'importante congrégation de la Propagande, de nouveaux zélateurs qui se feront un devoir sacré d'étudier les besoins de ces Églises, et mettront tous leurs soins à préparer de plus en plus la réunion si désirée des communions séparées, sans porter atteinte à des rites antiques et vénérables auxquels le Saint-Siége n'a jamais refusé son juste hommage.

Une œuvre d'ailleurs, une œuvre providentielle a été fondée, et c'est en France, Messieurs, et chose remarquable, c'est au sein de l'Institut de France, dans le cœur d'un savant qui fut l'un des premiers mathématiciens de l'Europe, et aussi l'un des premiers chrétiens du monde, l'illustre et regrettable M. Cauchy, — je suis heureux et fier de prononcer ici son nom, car la reconnaissance pour les hommes qui ont bien mérité de l'Église est un doux et grand devoir pour tous, — c'est donc dans le cœur de ce grand homme de bien qu'est née cette œuvre des écoles d'Orient, et on peut dire qu'il s'y est dévoué jusqu'à la mort ; car au milieu de la sécheresse puissante de ses chiffres et de ses prodigieux calculs, il avait l'âme tendre comme une sœur de charité.

Cette œuvre, du reste, comme toutes celles qui ont un grand but et sont suscitées pour de grands besoins, est évidemment réservée à de spéciales bénédictions, à un grand avenir. Avec quel élan, Messieurs, la France catholique répondit à l'appel, quand nous vint l'affreuse nouvelle des massacres des chrétiens, et qu'il fut glorieux au jeune prêtre que je vois aujourd'hui au milieu de vous, honoré par le Souverain Pontife de dictinctions dont son cœur et son dévoûment se montrent si dignes, d'être le député de la charité catholique auprès de nos frères de Syrie, et de leur porter trois millions, au nom de la France et du monde chrétien !

Venez donc tous, M. T.-C. F., avec toute la générosité de vos cœurs, au secours de l'Œuvre des écoles d'Orient ; et l'Œuvre continuera à envoyer aux Églises orientales la double aumône dont elles ont besoin, préparant ainsi, pour un avenir prochain peut-être, l'accomplissement des desseins miséricordieux de la Providence sur ces pays infortunés.

Tel est, Messieurs, l'objet direct de cette réunion et des paroles que je vous adresse. Ce que l'Orient nous demande, ce que nous lui donnerons aujourd'hui, c'est tout à la fois l'éclatant témoignage d'une grande sympathie et l'utile et nécessaire secours d'une large et généreuse aumône.

Vous tous, Évêques vénérables du monde entier, qu'êtes-vous venus faire ici ? Pourquoi avez-vous traversé les mers, laissé vos troupeaux, bravé les fatigues ? Vous êtes venus au Pape comme on vient à son père quand il souffre, parce qu'il vous aime et parce que vous l'aimez, et il vous dit en effet comme un père à ses fils : Vous êtes mon orgueil et ma consolation.

Jamais peut-être il n'a été fait rien de semblable dans l'Église pour satisfaire à un simple besoin de cœur, d'affection, d'union.

Mais le cœur est l'artisan des grandes choses. Vous êtes venus par un sentiment de piété filiale, et voilà que votre réunion est, sans que vous l'ayez cherché, un grand événement.

Eh bien, notre réunion aura un autre grand effet encore, et sera aussi pour les Églises d'Orient une grande et inattendue consolation.

Ils l'apprendront, et ils en seront fortifiés, tous nos frères d'Orient et ceux qui sont restés toujours, avec une fidélité si courageuse, attachés à l'unité, et ceux que le schisme a séparés de notre communion, mais non de notre charité. Ils se diront : Rome, la France, l'Espagne, l'Allemagne, le monde catholique tout entier tressaille d'amour pour les Églises orientales, et à Rome, devant trois cents évêques rassemblés de toutes les parties de la catholicité, un évêque d'Occident a redit les malheurs passés et les infortunes présentes de nos Églises, et tous les cœurs ont été émus.

Évêques catholiques de la Syrie, de l'Arménie, de Constantinople et de Smyrne, vous irez redire à vos fidèles cette étroite et tendre union des catholiques de l'Occident et des catholiques de l'Orient dans la charité de Jésus-Christ, entre les bras et sur le cœur du Père commun... Ah ! votre mission de régénération au sein de vos propres Églises, et de conquête au sein des Églises séparées, cette mission est grande et laborieuse ; mais vous retournerez encouragés, fortifiés pour votre œuvre, par tous les vœux et toutes les sympathies de l'Occident, comme aussi peut-être par le spectacle de nos Églises, de nos institutions, de notre discipline, de nos séminaires et de nos écoles, de tous ces foyers d'apostolat et de doctrine offerts à notre clergé séculier et régulier, de tout ce qui fait enfin notre vie et notre force, et qui, transporté en Orient, rendrait à vos Églises leur ancienne splendeur, et, grâce à votre fidèle énergie, fera revivre, avec le zèle et la doctrine des Basile et des Chrysostôme, la beauté des anciens jours.

Si vous attendez beaucoup de nous, c'est là, de notre côté, ce que nous attendons de vous avec confiance.

Mais pour toutes ces œuvres, Messieurs, votre concours est nécessaire, et c'est pour cela que huit vénérables Évêques, quatre de l'Orient, quatre de l'Occident, vont se tenir tout à l'heure aux portes de cette église et tendre vers vous avec joie une main suppliante, vous offrant en retour de vos dons la reconnaissance de leur cœur et la bénédiction de Jésus-Christ.

Ah ! Messieurs, laissez-moi vous le dire, avec toute la simplicité d'un familier langage, donnez abondamment pour cette œuvre ; donnez votre plus généreux argent. L'argent, ce triste, mais admirable argent, dont on a dit qu'il est un mauvais maître, mais un bon serviteur ; triste, car il sert si souvent au mal ; mais admirable, quand il sert à la vérité, à la charité, à toutes les grandes choses ; quand il devient, et il a souvent cet honneur, l'instrument de l'homme pour les desseins de Dieu. Laissez-moi l'ajouter encore : vous êtes venus ici avec bonne volonté, quelques-uns peut-être par simple curiosité, mais tous enfin pour faire une bonne œuvre : eh bien ! faites-la meilleure que vous ne l'aviez prévu. N'est-il pas toujours bon d'être meilleur qu'on ne semblait le vouloir ? Mon Dieu ! cela arrive sans cesse ; et pour moi, sans cesse je rencontre des hommes qui sont meilleurs qu'ils ne croient. Je n'ai pas la foi, me disent-ils. Si, vous l'avez : seulement le courage vous manque pour vous l'avouer à vous-mêmes. Osez être chrétiens, et vous l'êtes. Aujourd'hui ayez aussi la charité plus que vous ne l'aviez prévu ; donnez tout ce qui est sur vous. Vous ne vous êtes pas chargés de manière à ne pas faire commodément le chemin ; le retour sera plus facile encore. Il y a la quête, il y a la souscription : pensez aux deux. Pour la quête, donnez tout ce que vous avez en ce moment, sans compter : pour la souscription, c'est affaire sérieuse, qui demande à être faite avec sagesse et réflexion. Vous calculerez donc la souscription ; mais ici ne calculez pas : donnez selon votre cœur, et si j'ajoute selon le cœur de Pie IX, ce sera grandement.

Oui, c'est quelque chose de grand qu'il faut faire aujourd'hui, de plus grand peut-être que vous ne pouvez le prévoir ! Savez-vous quelle sera peut-être la portée de votre aumône ?... Cette pauvre femme de Jérusalem, qui donna à saint Pierre de quoi faire son voyage, savait-elle jusqu'où irait l'apôtre, et ce que ce voyage devait donner au monde ? Dieu seul sait ce que les Évêques d'Orient feront de vos dons. Vous, unissez-vous à la pensée de Dieu, et donnez avec la charité et la genérosité de cœurs vraiment chrétiens.

Quand je songe à ce que l'Orient a fait pour nous en nous donnant la foi, et que je vois cet Orient plongé dans ces ténèbres où nous serions nous-mêmes, si Pierre et Paul n'étaient venus, et courbé sous ce despotisme brutal qui l'opprime et le déshonore, et que je viens à me dire : Mais nous pourrions porter à ces peuples la liberté chrétienne et la lumière, et nous ne le faisons pas... je ne puis m'empêcher d'appeler cette indifférence une coupable et odieuse ingratitude. Oui, nous avons entre nos mains, M. F., la régénération morale et la liberté de l'Orient, car le christianisme, en affranchissant les âmes, délivre et relève les peuples. Il est le père de la vraie liberté, non de celle que prépare le mensonge, mais de celle qui est garantie par la vertu ; il est le père de la vraie grandeur des nations : en quelque sens qu'on veuille l'entendre, il est le salut et la vie des sociétés.

Donc, si vous aimez la liberté et la dignité humaine, pensez à l'Orient ; si vous aimez la reconnaissance, pensez à l'Orient; si vous aimez les âmes, pensez à l'Orient; si vous aimez Jésus-Christ, pensez à l'Orient. — Ah quand je songe que c'est l'Orient qui nous a donné Jésus-Christ... En retour pouvons-nous lui refuser quelque chose? Si vous aimez la sainte Vierge, pensez à l'Orient... Je n'ai jamais pu voir une femme juive sans penser à la sainte Vierge, sans me dire avec émotion que Marie était de son sang et de son peuple! Enfin, si vous aimez l'Église, songez à relever ces Églises, qui languissent, et à rapprocher du foyer des lumières et de la vie chrétienne celles que le schisme a désolées. En un mot, M. F., c'est de l'Orient que nous avons reçu tous nos biens. Eh bien! mesurons l'étendue de nos générosités à l'étendue de ses anciens bienfaits et de ses misères présentes, et marquons le grand jour qui nous rassemble par un grand acte de charité, auquel Jésus-Christ puisse donner en retour les bénédictions de la terre et la récompense des cieux.